Max Meets Pierina
Такс зустрічає П'єрину

Max Meets Pierina
Такс зустрічає П'єрину

story and pictures by Antonina Novarese
текст та ілюстрації Антоніни Новарез

The pond creatures were sitting around on logs, chatting.

"When Max tried to catch a gnat, he slipped and fell into the mud."

Everybody giggled.

Ставкові тварини сиділи на колодах та розмовляли.

«Коли Макс намагався впіймати комара, він послизнувся і впав у багно».

Усі захихотіли.

"When Max tried to catch a dragonfly, he panicked and ran for his life."

Max didn't laugh. He wanted to prove he could catch bugs. Silently he left the logs.

«Коли Макс спробував зловити бабку, він перелякався й утік щодуху».

Макс не сміявся. Він хотів довести, що може ловити комашню. Тихенько він полишив колоди.

Walking along the bank, Max saw an empty fruit juice bottle. Inside, Pierina, a small white butterfly, was feasting on the sticky traces of juice.

Йдучи вздовж берега, Макс побачив порожню пляшку від фруктового соку. Усередині П'єрина, маленький білий метелик, ласувала липкими залишками соку.

"I will do everything right this time," Max thought.
Trying not to make a sound, he climbed up the burdock leaves to get closer to the neck of the bottle.

«Цього разу я все зроблю як треба», — подумав Макс.
Намагаючись не шуміти, він заліз на листя лопуха, ближче до шийки пляшки.

Boom!
Max fell right down into the bottle. The butterfly chuckled and took flight.

Бум!
Макс гупнувся прямо у пляшку. Метелик пирхнув зі сміху та відлетів.

Max looked around. He tried to jump out, but the neck of the bottle was too high. He jumped again.

The bottle tipped over and rolled down the bank until – splash! – it fell right into the pond.

Макс подивився навколо. Він спробував вистрибнути, та отвір пляшки був занадто високо. Він знову підстрибнув.

Пляшка перекинулася і покотилася униз берегом, доки з плюскотом не впала прямісінько у ставок.

Max made his escape and swam back to the bank. Then he got out of the water.

Max saw Pierina again, sitting on a burdock flower.

Макс вибрався назовні та підплив до берега. Потім він виліз із води.

Макс знов побачив П'єрину, що сиділа на квітці лопуха.

Quietly he approached, and jumped towards her.

Тихенько він підібрався і стрибнув у її бік.

Max landed among the burdocks.
"Ouch! Ouch! It's prickly!"
Pierina came closer. "Are you hurt?"
she asked him.

Макс опинився поміж реп'яхів:
«Ой! Ой! Колеться!»
П'єрина підійшла ближче.
«Поранився?» — спитала вона.

"Bugs don't talk."
"You mean you have never listened to bugs talk."
Pierina helped Max to pick out the thorns.
And so they talked on, and by evening they were best friends.

«Комахи не розмовляють». — «Маєш на увазі, що ти ніколи не слухав, як комахи розмовляють».
П'єрина допомогла Максу повиймати колючки.
Так вони розмовляли собі й до вечора вже були найкращими друзями.

Friendship is often born when one person starts to listen and the other helps them pluck out thorns.

Часто дружба зароджується, коли хтось починає слухати та хтось допомагає іншому позбутися колючок.